The Green Dress: Short Stories in French for Beginners

Artici Bilingual Books

Published by Artici Bilingual Books, 2024.

While every precaution has been taken in the preparation of this book, the publisher assumes no responsibility for errors or omissions, or for damages resulting from the use of the information contained herein.

THE GREEN DRESS: SHORT STORIES IN FRENCH FOR BEGINNERS

First edition. April 1, 2024.

ISBN: 979-8224296415

Written by Artici Bilingual Books.

Table of Contents

Le Choix

Dans une petite ville paisible, vivait une femme du nom de Sophie.

Sophie était une femme ordinaire avec une vie ordinaire. Elle avait un travail qu'elle aimait, des amis formidables et une routine quotidienne bien établie. Mais quelque chose lui manquait.

Un jour, en se promenant dans le parc, Sophie rencontra un vieux monsieur assis sur un banc. Il semblait profondément pensif, et Sophie se demanda ce qui le préoccupait.

Elle s'approcha timidement et lui demanda s'il allait bien. Le vieux monsieur leva les yeux et lui sourit tristement.

"Je suis désolé, ma chère, mais je me sens un peu perdu en ce moment", dit-il. "Je dois prendre une décision difficile, et je ne sais pas quoi faire."

Sophie se sentit immédiatement concernée. Elle savait ce que c'était que de se sentir dépassé par les choix de la vie. Elle s'assit à côté du vieil homme et lui demanda s'il voulait en parler.

Le vieux monsieur hésita un moment, puis décida de se confier à Sophie. Il lui raconta qu'il avait la possibilité de déménager dans une maison de retraite, où il serait bien pris en charge et entouré de gens de son âge.

Mais il hésitait. Il aimait sa maison et sa vie telle qu'elle était, et il avait peur de tout abandonner pour quelque chose d'inconnu.

Sophie écouta attentivement l'histoire du vieil homme, en hochant la tête de temps en temps pour lui montrer qu'elle comprenait. Elle pouvait sentir son anxiété et son incertitude, car elle les ressentait aussi.

Après avoir écouté le vieil homme, Sophie réalisa quelque chose. Elle avait été tellement préoccupée par ses propres choix qu'elle n'avait pas réalisé à quel point les choix des autres pouvaient être difficiles.

Elle se mit à réfléchir à sa propre situation. Elle avait toujours rêvé de voyager et de voir le monde, mais elle avait peur de quitter sa vie confortable et familière.

Soudain, Sophie prit une décision. Elle se leva du banc et serra la main du vieil homme.

"Je sais ce que vous ressentez", dit-elle doucement. "Mais je crois que parfois, il faut prendre des risques pour découvrir ce que la vie a à offrir. Je vous encourage à suivre votre cœur et à faire le choix qui vous rendra le plus heureux."

Le vieil homme sourit reconnaissant à Sophie. Il se sentait mieux après avoir partagé ses préoccupations avec elle, et il savait maintenant ce qu'il devait faire.

Sophie rentra chez elle avec un sourire sur le visage. Elle avait peut-être aidé le vieux monsieur à prendre une décision, mais elle avait aussi trouvé la réponse à ses propres questions.

Le lendemain matin, Sophie se leva avec une nouvelle détermination. Elle prit une grande respiration et prit son téléphone pour appeler son patron.

"Bonjour, c'est Sophie", dit-elle d'une voix calme mais déterminée. "Je voulais vous parler d'une chose importante."

Elle expliqua à son patron qu'elle avait décidé de prendre un congé sabbatique pour voyager et explorer le monde. Elle ne savait pas ce que l'avenir lui réservait, mais elle était prête à prendre le risque.

Son patron fut surpris mais compréhensif. Il lui dit qu'il appréciait son travail et qu'il la soutenait dans sa décision.

Avec un poids en moins sur les épaules, Sophie commença à planifier son voyage. Elle avait hâte de découvrir de nouveaux endroits, de rencontrer de nouvelles personnes et de vivre de nouvelles expériences.

Le vieil homme, quant à lui, prit la décision de déménager dans la maison de retraite. Il savait que ce ne serait pas facile de tout laisser derrière lui, mais il se sentait prêt pour cette nouvelle étape de sa vie.

Sophie et le vieil homme restèrent en contact, s'envoyant des lettres et des cartes postales pour se donner des nouvelles de leurs aventures respectives.

Et chaque fois que Sophie se sentait dépassée par les choix de la vie, elle se rappelait la leçon qu'elle avait apprise ce jour-là dans le parc : parfois, il faut prendre des risques pour découvrir ce que la vie a à offrir.

The Choice

In a small peaceful town lived a woman named Sophie.

Sophie was an ordinary woman with an ordinary life. She had a job she loved, great friends, and a well-established daily routine. But something was missing.

One day, while walking in the park, Sophie met an old man sitting on a bench. He seemed deeply thoughtful, and Sophie wondered what was on his mind.

She approached timidly and asked if he was okay. The old man looked up and smiled sadly.

"I'm sorry, my dear, but I feel a bit lost at the moment," he said. "I have to make a difficult decision, and I don't know what to do."

Sophie immediately felt concerned. She knew what it was like to feel overwhelmed by life's choices. She sat down next to the old man and asked if he wanted to talk about it.

The old man hesitated for a moment, then decided to confide in Sophie. He told her that he had the opportunity to move to a retirement home, where he would be well taken care of and surrounded by people his own age.

But he was hesitant. He loved his home and his life as it was, and he was afraid of giving it all up for something unknown.

Sophie listened attentively to the old man's story, nodding occasionally to show him she understood. She could feel his anxiety and uncertainty, as she felt it too.

After listening to the old man, Sophie realized something. She had been so preoccupied with her own choices that she hadn't realized how difficult other people's choices could be.

She began to think about her own situation. She had always dreamed of traveling and seeing the world, but she was afraid to leave her comfortable and familiar life behind.

Suddenly, Sophie made a decision. She stood up from the bench and shook the old man's hand.

"I know how you feel," she said softly. "But I believe that sometimes, you have to take risks to discover what life has to offer. I encourage you to follow your heart and make the choice that will make you happiest."

The old man smiled gratefully at Sophie. He felt better after sharing his concerns with her, and he now knew what he had to do.

Sophie went home with a smile on her face. She may have helped the old man make a decision, but she had also found the answer to her own questions.

The next morning, Sophie woke up with a new determination. She took a deep breath and picked up her phone to call her boss.

"Hello, it's Sophie," she said in a calm but determined voice. "I wanted to talk to you about something important."

She explained to her boss that she had decided to take a sabbatical to travel and explore the world. She didn't know what the future held, but she was ready to take the risk.

Her boss was surprised but understanding. He told her he appreciated her work and supported her decision.

With a weight off her shoulders, Sophie began to plan her trip. She looked forward to discovering new places, meeting new people, and experiencing new things.

The old man, meanwhile, made the decision to move to the retirement home. He knew it wouldn't be easy to leave everything behind, but he felt ready for this new stage of his life.

Sophie and the old man stayed in touch, sending each other letters and postcards to keep each other updated on their respective adventures.

And whenever Sophie felt overwhelmed by life's choices, she remembered the lesson she had learned that day in the park: sometimes, you have to take risks to discover what life has to offer.

La Danse des Papillons

Dans un jardin enchanté, où les fleurs éclataient de couleurs vives et les abeilles bourdonnaient joyeusement, vivait une jeune fille nommée Amélie. Amélie aimait passer ses journées à explorer le jardin, à observer les papillons virevolter parmi les fleurs.

Un jour, alors qu'Amélie se promenait dans le jardin, elle aperçut un papillon aux ailes éclatantes posé sur une fleur. Intriguée, elle s'approcha doucement, sans vouloir effrayer la délicate créature.

Le papillon, voyant Amélie s'approcher, s'envola soudainement et se mit à danser dans les airs, ses ailes scintillantes capturant les rayons du soleil.

Amélie fut émerveillée par la beauté du spectacle. Elle se mit à tourner sur elle-même, imitant la danse gracieuse du papillon. Elle se sentait légère et libre, comme si elle était elle-même transformée en papillon.

Alors qu'elle dansait, d'autres papillons se joignirent à elle, volant autour d'elle dans une chorégraphie enchantée. Ils tournoyaient et virevoltaient dans les airs, créant un spectacle de couleurs et de mouvements.

Amélie rit de bon cœur, se laissant emporter par la magie du moment. Elle avait l'impression que le jardin entier dansait avec elle, célébrant la beauté de la nature et la joie de vivre.

Bientôt, d'autres créatures du jardin se joignirent à la danse. Les oiseaux chantaient joyeusement dans les arbres, les écureuils sautaient d'une branche à l'autre, et même les fleurs semblaient se balancer en rythme avec la musique de la nature.

La danse dura des heures, mais pour Amélie, le temps sembla s'arrêter. Elle se sentait vivante et vibrante, comme si chaque mouvement la connectait à l'essence même de la vie.

Finalement, épuisée mais heureuse, Amélie s'assit parmi les fleurs, observant les papillons continuer leur danse dans les airs.

The Dance of the Butterflies

In an enchanted garden, where flowers burst with vibrant colors and bees buzzed joyfully, lived a young girl named Amelie. Amelie loved spending her days exploring the garden, watching butterflies flit among the flowers.

One day, as Amelie wandered through the garden, she spotted a butterfly with shimmering wings perched on a flower. Intrigued, she approached slowly, not wanting to scare the delicate creature.

The butterfly, seeing Amelie approach, suddenly took flight and began to dance in the air, its glistening wings capturing the sunlight.

Amelie was amazed by the beauty of the spectacle. She began to twirl around, imitating the graceful dance of the butterfly. She felt light and free, as if she herself had been transformed into a butterfly.

As she danced, other butterflies joined her, fluttering around her in an enchanted choreography. They twirled and danced in the air, creating a spectacle of colors and movements.

Amelie laughed heartily, swept away by the magic of the moment. She felt as though the entire garden was dancing with her, celebrating the beauty of nature and the joy of life.

Soon, other creatures from the garden joined in the dance. Birds chirped cheerfully in the trees, squirrels leaped from branch to branch, and even the flowers seemed to sway in rhythm with the music of nature.

The dance lasted for hours, but for Amelie, time seemed to stand still. She felt alive and vibrant, as though each movement connected her to the very essence of life.

Finally, exhausted but happy, Amelie sat among the flowers, watching the butterflies continue their dance in the air.

Seule

Dans un petit village au bord de la mer, vivait une femme nommée Marie. Marie était une âme solitaire, préférant la compagnie des vagues et du vent à celle des autres. Elle habitait une petite maisonnette en bois, perchée sur une falaise, d'où elle pouvait contempler l'horizon infini.

Chaque matin, Marie se levait tôt pour aller marcher sur la plage. Elle aimait sentir le sable sous ses pieds, écouter le bruit apaisant des vagues qui s'écrasaient sur le rivage, et regarder le soleil se lever lentement à l'horizon.

Marie n'avait pas beaucoup d'amis dans le village. Elle préférait sa propre compagnie à celle des autres, se perdant dans ses pensées et ses rêveries. Certains la trouvaient étrange, mais Marie se fichait bien de ce que les autres pensaient d'elle. Elle était heureuse dans sa solitude.

Un jour, alors qu'elle se promenait sur la plage, Marie aperçut quelque chose d'étrange échoué sur le sable. C'était une bouteille en verre, avec un bout de papier roulé à l'intérieur. Marie s'approcha et ramassa la bouteille, curieuse de voir ce qu'elle contenait.

Elle déroula le papier et lut les mots écrits dessus : "À celui qui trouve cette bouteille, je te lance un défi. Écris-moi une lettre sur tes pensées les plus intimes et lance-la à la mer. Peut-être que quelqu'un, quelque part, te répondra."

Marie sourit en lisant le message. Elle trouva l'idée amusante et décida de relever le défi. Elle rentra chez elle, prit un morceau de papier et commença à écrire sur ses pensées les plus profondes, ses rêves et ses espoirs.

Une fois sa lettre terminée, Marie la glissa dans la bouteille, la boucha soigneusement et la lança à la mer. Elle regarda la bouteille flotter au loin, se demandant si quelqu'un la trouverait un jour.

Les jours passèrent, et Marie continua sa routine quotidienne. Elle se promenait sur la plage, admirait le coucher de soleil depuis sa falaise, et écrivait dans son journal ses pensées les plus intimes.

Un soir, alors qu'elle était assise sur sa falaise, contemplant les étoiles dans le ciel, Marie entendit un bruit étrange derrière elle. Elle se retourna et vit un jeune homme qui l'observait avec curiosité.

Marie était surprise de voir quelqu'un d'autre à cet endroit isolé. Le jeune homme s'approcha timidement et lui expliqua qu'il avait trouvé sa bouteille sur la plage et lu sa lettre. Il lui dit qu'il était ému par ses mots et qu'il avait décidé de lui répondre.

Les jours qui suivirent, Marie et le jeune homme se rencontrèrent souvent sur la falaise. Ils devinrent amis, se confiant l'un à l'autre comme s'ils se connaissaient depuis toujours. Marie réalisa qu'elle avait trouvé en lui un véritable compagnon de cœur, quelqu'un avec qui elle pouvait partager sa solitude et sa joie.

Mais un jour, le jeune homme annonça qu'il devait partir, appelé par ses obligations dans la ville voisine. Marie fut triste de le voir partir, mais elle savait qu'ils se reverraient un jour.

Le jeune homme lui promit de lui écrire souvent et de revenir lui rendre visite dès qu'il le pourrait. Marie sourit en pensant à toutes les lettres qu'ils échangeraient, à tous les souvenirs qu'ils créeraient ensemble.

Et même après le départ du jeune homme, Marie continua à se promener sur la plage, à admirer le coucher de soleil depuis sa falaise, et à écrire dans son journal ses pensées les plus intimes. Car maintenant, elle savait qu'elle n'était plus seule, qu'il y avait quelqu'un quelque part qui pensait à elle, qui partageait ses rêves et ses espoirs. Et cela lui suffisait pour être heureuse.

Alone

In a small village by the sea lived a woman named Marie. Marie was a solitary soul, preferring the company of the waves and the wind to that of others. She lived in a small wooden cottage perched on a cliff, from where she could contemplate the endless horizon.

Every morning, Marie would wake up early to walk along the beach. She loved feeling the sand beneath her feet, listening to the soothing sound of the waves crashing on the shore, and watching the sun rise slowly on the horizon.

Marie didn't have many friends in the village. She preferred her own company to that of others, losing herself in her thoughts and daydreams. Some found her strange, but Marie didn't care what others thought of her. She was happy in her solitude.

One day, as she was walking on the beach, Marie saw something strange washed up on the sand. It was a glass bottle, with a piece of paper rolled up inside. Marie approached and picked up the bottle, curious to see what it contained.

She unrolled the paper and read the words written on it: "To whoever finds this bottle, I challenge you. Write me a letter about your innermost thoughts and cast it into the sea. Perhaps someone, somewhere, will reply to you."

Marie smiled as she read the message. She found the idea amusing and decided to take up the challenge. She went back home, took a piece of paper, and began to write about her deepest thoughts, dreams, and hopes.

Once her letter was finished, Marie slipped it into the bottle, corked it carefully, and cast it into the sea. She watched the bottle float away, wondering if someone would find it one day.

Days passed, and Marie continued her daily routine. She walked on the beach, admired the sunset from her cliff, and wrote in her journal about her innermost thoughts.

One evening, as she sat on her cliff, gazing at the stars in the sky, Marie heard a strange noise behind her. She turned around and saw a young man watching her curiously.

Marie was surprised to see someone else in this isolated place. The young man approached timidly and explained that he had found her bottle on the beach and read her letter. He said he was moved by her words and had decided to reply to her.

In the following days, Marie and the young man met often on the cliff. They became friends, confiding in each other as if they had known each other forever. Marie realized that she had found in him a true companion of the heart, someone with whom she could share her solitude and her joy.

But one day, the young man announced that he had to leave, called by his obligations in the nearby town. Marie was sad to see him go, but she knew they would meet again someday.

The young man promised to write to her often and to come back to visit her as soon as he could. Marie smiled, thinking of all the letters they would exchange, of all the memories they would create together.

And even after the young man's departure, Marie continued to walk on the beach, to admire the sunset from her cliff, and to write in her journal about her innermost thoughts. Because now, she knew she was no longer alone, that there was someone out there who thought of her, who shared her dreams and hopes. And that was enough for her to be happy.

La Robe Verte

Il était une fois dans un petit village au bord de la rivière, une jeune femme nommée Sophie. Sophie était une couturière talentueuse qui adorait créer des vêtements pour les habitants du village. Chaque jour, elle se rendait dans son petit atelier, situé au fond de sa cour, pour travailler sur de nouveaux projets.

Un jour, alors qu'elle fouillait dans ses tissus à la recherche d'inspiration, Sophie trouva un morceau de tissu vert émeraude caché au fond d'une vieille malle. Le tissu était doux au toucher et brillait d'une lueur mystérieuse sous la lumière du soleil.

Sophie savait immédiatement qu'elle devait créer quelque chose de spécial avec ce tissu. Elle décida de le transformer en une magnifique robe verte, aussi éblouissante que les feuilles d'été dans la forêt.

Elle passa des heures à couper, coudre et assembler le tissu, laissant libre cours à sa créativité. Elle ajouta des détails délicats et des finitions soignées, faisant de la robe un véritable chef-d'œuvre de couture.

Une fois la robe terminée, Sophie la contempla avec fierté. Elle était plus belle que tout ce qu'elle avait jamais créé auparavant, et elle savait qu'elle serait parfaite pour une occasion spéciale.

Sophie décida de porter la robe verte pour le bal annuel du village, qui avait lieu le week-end suivant. Elle se prépara avec soin, coiffant ses cheveux en boucles élégantes et mettant ses plus beaux bijoux.

Lorsqu'elle arriva au bal, les yeux de tous se tournèrent vers elle. Elle était resplendissante dans sa robe verte, se déplaçant avec grâce et élégance sur la piste de danse.

Sophie dansa toute la nuit, tourbillonnant sous les étoiles avec son partenaire, se sentant comme une princesse dans sa robe verte. Elle souriait et riait, oubliant tous ses soucis et savourant chaque instant de bonheur.

À la fin de la soirée, alors que les dernières notes de musique s'éteignaient, Sophie se retrouva seule dans un coin de la salle. Elle s'assit sur une chaise, laissant ses pensées vagabonder.

C'est alors qu'elle sentit une présence derrière elle. Elle se retourna et vit un homme debout dans l'ombre, les yeux fixés sur elle avec admiration.

L'homme s'approcha lentement et s'inclina devant elle. Il lui dit qu'il avait été ébloui par sa beauté et sa grâce toute la soirée, et qu'il avait été incapable de détourner les yeux d'elle depuis son arrivée.

Sophie rougit de plaisir et remercia l'homme pour ses gentils mots. Ils se mirent à parler, découvrant qu'ils partageaient de nombreux intérêts et passions.

Au fil des semaines, Sophie et l'homme se rencontrèrent souvent, partageant des moments précieux ensemble. Ils se promenaient le long de la rivière, regardant les poissons nager dans l'eau claire, et s'asseyaient sous les arbres, écoutant le chant des oiseaux dans les branches.

Sophie se sentait heureuse et épanouie en présence de l'homme, sachant qu'elle avait trouvé en lui un véritable compagnon d'âme. Elle se demandait souvent comment elle avait pu vivre sans lui pendant si longtemps.

Un jour, alors qu'ils se promenaient main dans la main le long de la rivière, l'homme s'arrêta soudain et prit les mains de Sophie dans les siennes. Il lui dit qu'il l'aimait plus que tout au monde, et qu'il voulait passer le reste de sa vie à ses côtés.

Sophie fut bouleversée par ses paroles et lui dit qu'elle aussi l'aimait de tout son cœur. Ils s'embrassèrent sous les rayons du soleil, sachant qu'ils étaient faits l'un pour l'autre pour toujours.

Et chaque fois que Sophie regardait sa robe verte accrochée dans son armoire, elle se souvenait de la nuit où elle l'avait portée pour la première fois.

The Green Dress

Once upon a time in a small village by the river, there was a young woman named Sophie. Sophie was a talented seamstress who loved creating clothes for the villagers. Every day, she would go to her small workshop at the back of her yard to work on new projects.

One day, as she rummaged through her fabrics in search of inspiration, Sophie found a piece of emerald green fabric hidden at the bottom of an old trunk. The fabric was soft to the touch and shone with a mysterious glow under the sunlight.

Sophie immediately knew she had to create something special with this fabric. She decided to turn it into a beautiful green dress, as dazzling as the summer leaves in the forest.

She spent hours cutting, sewing, and assembling the fabric, letting her creativity flow. She added delicate details and neat finishes, turning the dress into a true masterpiece of sewing.

Once the dress was finished, Sophie admired it with pride. It was more beautiful than anything she had ever created before, and she knew it would be perfect for a special occasion.

Sophie decided to wear the green dress to the village's annual ball, which was taking place the following weekend. She prepared carefully, styling her hair into elegant curls and wearing her finest jewelry.

When she arrived at the ball, all eyes turned to her. She was radiant in her green dress, moving with grace and elegance on the dance floor.

Sophie danced all night long, twirling under the stars with her partner, feeling like a princess in her green dress. She smiled and laughed, forgetting all her worries and savoring every moment of happiness.

At the end of the evening, as the last notes of music faded away, Sophie found herself alone in a corner of the room. She sat down on a chair, letting her thoughts wander.

That's when she felt a presence behind her. She turned around and saw a man standing in the shadows, his eyes fixed on her with admiration.

The man approached slowly and bowed before her. He told her that he had been dazzled by her beauty and grace all evening, and that he had been unable to take his eyes off her since her arrival.

Sophie blushed with pleasure and thanked the man for his kind words. They started talking, discovering that they shared many interests and passions.

Over the weeks, Sophie and the man met often, sharing precious moments together. They walked along the river, watching the fish swim in the clear water, and sat under the trees, listening to the birds sing in the branches.

Sophie felt happy and fulfilled in the man's presence, knowing that she had found a true soulmate in him. She often wondered how she had been able to live without him for so long.

One day, as they walked hand in hand along the river, the man suddenly stopped and took Sophie's hands in his. He told her that he loved her more than anything in the world, and that he wanted to spend the rest of his life by her side.

Sophie was moved by his words and told him that she loved him too with all her heart. They kissed under the sunlight, knowing that they were meant for each other forever.

And every time Sophie looked at her green dress hanging in her wardrobe, she remembered the night she had worn it for the first time.

Le Secret du Jardin Enchanté

Il était une fois, dans un petit village au bord de la forêt, une jeune femme nommée Amélie. Amélie avait un secret bien gardé : un jardin enchanté caché derrière sa maison. Personne d'autre ne le connaissait, sauf elle.

Chaque matin, Amélie se réveillait tôt et se faufilait hors de la maison pour se rendre dans son jardin secret. Ce jardin était différent de tous les autres. Les fleurs y étaient plus colorées, les arbres plus grands, et il y avait même un petit ruisseau qui serpentait entre les arbustes.

Amélie adorait se promener dans son jardin enchanté, écouter le chant des oiseaux et sentir le parfum des fleurs. Mais il y avait une chose qu'elle aimait par-dessus tout : les fraises magiques qui poussaient à l'ombre d'un grand arbre au centre du jardin.

Ces fraises étaient spéciales. Elles étaient plus grosses, plus juteuses et plus sucrées que toutes les autres fraises qu'Amélie avait jamais goûtées. Chaque fois qu'elle en mangeait une, c'était comme si elle dégustait un petit morceau de bonheur.

Un jour, alors qu'Amélie cueillait des fraises dans son jardin enchanté, elle entendit un bruit étrange derrière elle. Elle se retourna et vit un lapin blanc en train de sauter parmi les fleurs.

"Bonjour, petit lapin", dit Amélie en souriant. "Que fais-tu dans mon jardin ?"

Le lapin s'arrêta et la regarda avec ses grands yeux brillants. "Je suis désolé, mademoiselle, mais j'ai entendu parler des fraises magiques de votre jardin et je voulais les goûter."

Amélie rit doucement. "Eh bien, tu es le bienvenu à condition que tu m'aides à cueillir les fraises."

Le lapin hocha la tête avec enthousiasme et se mit à l'œuvre. Ensemble, ils cueillirent des fraises jusqu'à ce que leurs paniers débordent de fruits juteux.

Une fois le travail terminé, Amélie s'assit sous l'arbre avec le lapin et lui tendit une fraise. "Voilà, tu as bien mérité cette fraise, mon ami."

Le lapin prit la fraise avec reconnaissance et la dévora en quelques bouchées. "C'est délicieux !", s'exclama-t-il. "Je n'ai jamais goûté quelque chose d'aussi bon de ma vie !"

Amélie sourit, heureuse de voir le lapin apprécier les fraises de son jardin. "Je suis contente que ça te plaise. Tu peux revenir quand tu veux pour en manger plus."

Le lapin hocha la tête avec joie et se prépara à partir. Mais avant de partir, il se retourna vers Amélie et lui dit : "Merci pour cette belle journée, mademoiselle. Je n'oublierai jamais la bonté que tu as eue envers moi."

Amélie sourit et regarda le lapin s'éloigner dans la forêt. Elle savait qu'elle ne le reverrait peut-être jamais, mais elle était heureuse d'avoir pu partager un moment de bonheur avec lui.

The Secret of the Enchanted Garden

Once upon a time, in a small village on the edge of the forest, there lived a young woman named Amelie. Amelie had a well-kept secret: an enchanted garden hidden behind her house. No one else knew about it, except her.

Every morning, Amelie would wake up early and sneak out of the house to visit her secret garden. This garden was unlike any other. The flowers were more colorful, the trees taller, and there was even a small stream winding through the bushes.

Amelie loved to stroll in her enchanted garden, listening to the birds singing and smelling the fragrance of the flowers. But there was one thing she loved above all: the magical strawberries that grew in the shade of a large tree in the center of the garden.

These strawberries were special. They were bigger, juicier, and sweeter than any other strawberries Amelie had ever tasted. Every time she ate one, it was like tasting a little piece of happiness.

One day, as Amelie was picking strawberries in her enchanted garden, she heard a strange noise behind her. She turned around and saw a white rabbit hopping among the flowers.

"Hello, little rabbit," said Amelie with a smile. "What are you doing in my garden?"

The rabbit stopped and looked at her with its big bright eyes. "I'm sorry, miss, but I heard about the magical strawberries in your garden and I wanted to taste them."

Amelie chuckled softly. "Well, you're welcome as long as you help me pick the strawberries."

The rabbit nodded eagerly and got to work. Together, they picked strawberries until their baskets overflowed with juicy fruits.

Once the work was done, Amelie sat under the tree with the rabbit and offered him a strawberry. "Here you go, you've earned this strawberry, my friend."

The rabbit took the strawberry gratefully and devoured it in a few bites. "This is delicious!" he exclaimed. "I've never tasted anything so good in my life!"

Amelie smiled, happy to see the rabbit enjoying the strawberries from her garden. "I'm glad you like it. You can come back anytime to eat more."

The rabbit nodded happily and prepared to leave. But before he left, he turned to Amelie and said, "Thank you for this beautiful day, miss. I will never forget the kindness you showed me."

Amelie smiled and watched the rabbit disappear into the forest. She knew she might never see him again, but she was happy to have shared a moment of happiness with him.

La Tristesse du Coureur de Marathon

Il était une fois, dans un petit village au cœur de la France, un homme nommé Pierre. Pierre était un coureur de marathon passionné. Depuis qu'il était enfant, il aimait courir à travers les champs et les collines, sentant le vent fouetter son visage et la terre sous ses pieds.

Pierre avait toujours rêvé de participer à de grands marathons, de courir aux côtés des meilleurs coureurs du monde. Il s'entraînait chaque jour, parcourant des kilomètres et se préparant pour la course de sa vie.

Un jour, son rêve se réalisa. Il fut invité à participer au marathon le plus prestigieux du pays. Excité et plein d'espoir, Pierre se tint sur la ligne de départ, parmi des centaines d'autres coureurs, prêt à affronter le défi qui l'attendait.

Le coup de feu retentit, et la course commença. Pierre se mit à courir avec détermination, son cœur battant au rythme de ses pas. Il dépassa les concurrents un par un, se rapprochant peu à peu de la tête de la course.

Mais au fur et à mesure que les kilomètres s'écoulaient, une étrange sensation commença à envahir Pierre. Ce n'était pas la fatigue habituelle d'une longue course, mais plutôt un poids sur son cœur, une tristesse profonde qui semblait le ralentir.

Pierre essaya de l'ignorer, se concentrant sur sa respiration et sur le chemin qui se déroulait devant lui. Mais plus il avançait, plus la tristesse semblait le consumer.

Il se demanda pourquoi il ressentait cela. Après tout, il vivait son rêve, en train de courir dans un marathon renommé, avec des spectateurs l'encourageant tout au long du parcours. Mais malgré cela, la tristesse persistait, pesante et omniprésente.

Pierre continua à courir, mais chaque pas devenait de plus en plus difficile. Son esprit était en proie à des pensées sombres, remettant en question ses motivations et ses aspirations.

Il se souvint des jours passés à s'entraîner seul, des sacrifices qu'il avait faits pour atteindre son objectif. Mais maintenant, alors qu'il était si près de la ligne d'arrivée, il se sentait vide, comme si quelque chose d'important lui échappait.

Alors qu'il approchait du dernier kilomètre, la tristesse atteignit son paroxysme. Pierre ralentit, ses jambes refusant presque d'avancer. Il regarda autour de lui, voyant les autres coureurs le dépasser avec détermination, leurs visages rayonnant de joie et de satisfaction.

Une vague de désespoir l'envahit alors qu'il se rendait compte qu'il ne ressentait rien de tel. Il se sentait vide, incapable de trouver le bonheur dans ce qu'il avait accompli.

Finalement, Pierre franchit la ligne d'arrivée, mais il ne ressentit pas la joie et l'euphorie qu'il avait imaginées. Au lieu de cela, il se retrouva seul avec sa tristesse, une tristesse qui semblait maintenant indissociable de lui-même.

Les jours qui suivirent furent sombres pour Pierre. Il errait sans but, incapable de retrouver la passion qui l'avait autrefois animé. Il se demandait si tout ce qu'il avait fait en valait vraiment la peine, si le chemin qu'il avait choisi était le bon.

Mais alors qu'il se morfondait dans sa tristesse, une lueur d'espoir commença à briller au loin. Il se rappela pourquoi il aimait courir en premier lieu, la sensation de liberté et d'accomplissement qu'il ressentait à chaque foulée.

Pierre comprit alors que la tristesse qu'il ressentait n'était pas une marque d'échec, mais plutôt le signe d'une profonde connexion avec sa passion. Il réalisa que le marathon n'était pas seulement une course physique, mais aussi une course intérieure, une exploration de soi-même et de ses propres limites.

Et ainsi, il continua à courir, explorant les sentiers et les routes avec un nouveau sens de détermination. La tristesse qui l'avait autrefois accablé se dissipa peu à peu, laissant place à un sentiment de paix et de plénitude.

Pierre comprit enfin que le véritable bonheur ne résidait pas dans les récompenses extérieures, mais dans la poursuite même de sa passion, dans le simple fait de courir librement sous le ciel ouvert. Et c'est ainsi qu'il trouva la véritable signification de la course, une leçon précieuse qu'il emporta avec lui pour le reste de sa vie.

The Sadness of the Marathon Runner

Once upon a time, in a small village in the heart of France, there was a man named Pierre. Pierre was a passionate marathon runner. Since he was a child, he loved running through fields and hills, feeling the wind whip his face and the earth beneath his feet.

Pierre had always dreamed of participating in great marathons, of running alongside the world's best runners. He trained every day, covering kilometers and preparing for the race of his life.

One day, his dream came true. He was invited to participate in the country's most prestigious marathon. Excited and full of hope, Pierre stood at the starting line, among hundreds of other runners, ready to face the challenge that lay ahead.

The starting gun went off, and the race began. Pierre started running with determination, his heart beating to the rhythm of his steps. He passed competitors one by one, gradually approaching the front of the pack.

But as the kilometers passed, a strange sensation began to creep over Pierre. It wasn't the usual fatigue of a long race, but rather a weight on his heart, a deep sadness that seemed to slow him down.

Pierre tried to ignore it, focusing on his breathing and the path unfolding before him. But the more he advanced, the more the sadness seemed to consume him.

He wondered why he felt this way. After all, he was living his dream, running in a renowned marathon, with spectators cheering him on along the course. But despite this, the sadness persisted, heavy and ever-present.

Pierre kept running, but each step became more and more difficult. His mind was plagued by dark thoughts, questioning his motivations and aspirations.

He remembered the days spent training alone, the sacrifices he had made to reach his goal. But now, as he was so close to the finish line, he felt empty, as if something important was slipping away from him.

As he approached the final kilometer, the sadness reached its peak. Pierre slowed down, his legs almost refusing to move forward. He looked around, seeing other runners passing him with determination, their faces glowing with joy and satisfaction.

A wave of despair washed over him as he realized he felt nothing of the sort. He felt empty, unable to find happiness in what he had achieved.

Finally, Pierre crossed the finish line, but he didn't feel the joy and euphoria he had imagined. Instead, he found himself alone with his sadness, a sadness that now seemed inseparable from himself.

The days that followed were dark for Pierre. He wandered aimlessly, unable to rediscover the passion that had once driven him. He wondered if everything he had done was truly worth it, if the path he had chosen was the right one.

But as he wallowed in his sadness, a glimmer of hope began to shine in the distance. He remembered why he loved running in the first place, the feeling of freedom and accomplishment he felt with every stride.

Pierre realized then that the sadness he felt was not a sign of failure, but rather a sign of a deep connection with his passion. He understood that the marathon was not just a physical race, but also an inner race, an exploration of oneself and one's own limits.

And so, he continued to run, exploring trails and roads with a renewed sense of determination. The sadness that had once overwhelmed him gradually dissipated, giving way to a feeling of peace and fulfillment.

Pierre finally understood that true happiness did not lie in external rewards, but in the pursuit of his passion, in the simple act of running freely under the open sky. And thus, he found the true meaning of the race, a precious lesson that he carried with him for the rest of his life.

L'Orage

Il était une fois, dans un petit village au bord de la rivière, vivait une jeune femme nommée Sophie. Sophie était une femme simple, qui aimait observer la nature.

Un jour, alors que le soleil brillait haut dans le ciel, des nuages sombres commencèrent à s'accumuler à l'horizon. Le vent se leva, agitant les arbres et soulevant des tourbillons de poussière.

Sophie regarda avec étonnement alors que le ciel se transformait rapidement. Les oiseaux s'envolèrent, cherchant refuge avant l'arrivée de la tempête imminente.

Les premières gouttes de pluie commencèrent à tomber, éclaboussant doucement le sol desséché. Puis, le tonnerre gronda au loin, faisant trembler la terre sous les pieds de Sophie.

Elle se dépêcha de rentrer chez elle, cherchant abri sous le toit de chaume de sa petite maison. À l'intérieur, elle alluma une bougie et s'assit près de la fenêtre, regardant avec fascination le spectacle qui se déroulait à l'extérieur.

Les éclairs zébraient le ciel obscurci, illuminant brièvement le paysage. Le tonnerre résonnait à travers la vallée, faisant vibrer les murs de la maison de Sophie.

Pendant des heures, l'orage gronda, lançant ses éclairs et faisant pleuvoir ses larmes sur la terre assoiffée. Sophie resta assise, enveloppée dans la chaleur de sa maison, écoutant le fracas de la tempête avec admiration et respect.

Finalement, après avoir dépensé toute son énergie, l'orage commença à s'apaiser. Les nuages se dispersèrent lentement, laissant place à un ciel clair et étoilé.

Sophie sortit de sa maison, respirant l'air frais et pur qui remplissait l'atmosphère. Elle regarda autour d'elle, émerveillée par la beauté du monde après la tempête.

Les feuilles des arbres brillaient avec éclat sous la lumière de la lune, les gouttes de pluie accrochées à leurs branches comme des diamants étincelants. Le sol était frais et humide sous ses pieds, vibrant avec la vie renouvelée par la pluie bienvenue.

Sophie leva les yeux vers le ciel, où les étoiles brillaient comme des joyaux dans un écrin sombre. Elle sentit une paix profonde envahir son être, une tranquillité qui lui avait manqué depuis longtemps.

Elle se rendit compte alors que même les tempêtes les plus violentes finissaient par passer, laissant place à la clarté et à la beauté qui se cachait derrière elles.

Et alors qu'elle s'endormait cette nuit-là, bercée par le doux murmure de la rivière et le chant des grillons, elle savait qu'elle était prête à affronter tous les défis que la vie lui réservait, armée de la force et de la sagesse qu'elle avait trouvées dans l'orage.

The Thunderstorm

Once upon a time, in a small village by the river, lived a young woman named Sophie. Sophie was a simple woman who loved to observe nature. One day, as the sun shone high in the sky, dark clouds began to gather on the horizon. The wind picked up, shaking the trees and swirling dust.

Sophie watched in amazement as the sky quickly transformed. Birds flew away, seeking refuge before the imminent arrival of the storm.

The first drops of rain began to fall, gently splashing on the parched ground. Then, thunder rumbled in the distance, making the earth tremble beneath Sophie's feet.

She hurried home, seeking shelter under the thatched roof of her small house. Inside, she lit a candle and sat by the window, watching with fascination the spectacle unfolding outside.

Lightning streaked across the darkened sky, briefly illuminating the landscape. Thunder echoed through the valley, shaking the walls of Sophie's house.

For hours, the storm raged, sending its lightning and raining its tears upon the thirsty earth. Sophie sat, wrapped in the warmth of her home, listening to the roar of the storm with admiration and respect.

Finally, after expending all its energy, the storm began to calm. The clouds slowly dispersed, giving way to a clear, starry sky.

Sophie stepped out of her house, breathing in the fresh, pure air that filled the atmosphere. She looked around, amazed by the beauty of the world after the storm.

The leaves of the trees shone brightly under the moonlight, raindrops clinging to their branches like sparkling diamonds. The ground was cool and moist beneath her feet, vibrating with the life renewed by the welcome rain.

Sophie looked up at the sky, where the stars shone like jewels in a dark setting. She felt a deep peace wash over her, a tranquility that she had longed for.

She realized then that even the most violent storms eventually passed, giving way to the clarity and beauty hidden behind them.

And as she fell asleep that night, lulled by the gentle murmur of the river and the song of the crickets, she knew that she was ready to face whatever challenges life had in store for her, armed with the strength and wisdom she had found in the storm.

Le Chant du Chameau

Dans le désert lointain, où les dunes de sable s'étendent à perte de vue, vivait un chameau nommé Amira. Amira était différente des autres chameaux. Elle n'était pas seulement connue pour sa force et sa capacité à traverser les vastes étendues du désert, mais aussi pour sa voix mélodieuse. Chaque soir, lorsque le soleil se couchait et que le désert se parait de teintes chaudes et dorées, Amira se mettait à chanter. Son chant était doux et apaisant, empli de mélancolie et de sagesse. Les caravanes de marchands et les nomades du désert s'arrêtaient souvent pour écouter sa voix enchanteresse.

Mais malgré son talent pour le chant, Amira était souvent solitaire. Les autres chameaux la considéraient comme étrange et préféraient rester à l'écart. Ils se moquaient parfois d'elle, lui disant qu'un chameau ne devrait pas chanter mais travailler.

Pourtant, Amira ne se laissait pas décourager. Chaque soir, elle continuait à chanter, laissant sa voix s'élever dans le désert silencieux. Elle croyait que son chant avait le pouvoir d'apporter du réconfort et de l'espoir à ceux qui l'écoutaient.

Un jour, alors qu'Amira se reposait à l'ombre d'un palmier, une caravane de marchands s'arrêta près d'elle. Les marchands étaient épuisés après une longue journée de voyage à travers le désert aride.

Lorsqu'ils entendirent le chant d'Amira, ils furent immédiatement captivés.

Le chef de la caravane s'avança vers Amira et lui parla doucement. "Ton chant est magnifique, Amira," dit-il. "Il nous a apporté du réconfort après une journée difficile. Nous aimerions que tu nous accompagnes dans notre voyage à travers le désert."

Amira hocha la tête avec gratitude. Elle était ravie de pouvoir partager son don avec d'autres, même si cela signifiait quitter son foyer.

Et ainsi, Amira se joignit à la caravane de marchands et se mit en route à travers le désert.

Au fil des jours et des nuits, la caravane traversa des dunes de sable brûlant, des oasis verdoyantes et des montagnes escarpées. Mais peu importe les obstacles qu'ils rencontraient, le chant d'Amira les guidait toujours sur le chemin.

Finalement, après un long voyage, la caravane atteignit sa destination : une ville prospère au bord de la mer. Les marchands remercièrent Amira pour son aide précieuse et lui offrirent un abri confortable où elle pourrait vivre en paix.

Amira était reconnaissante pour tout ce que les marchands avaient fait pour elle, mais elle savait qu'elle ne pourrait jamais rester dans un seul endroit pendant longtemps. Son cœur lui disait de continuer à chanter et à voyager à travers le désert.

Et ainsi, chaque soir, Amira se tenait sous les étoiles brillantes du désert et laissait son chant s'élever dans le ciel nocturne.

The Song of the Camel

In the distant desert, where sand dunes stretched as far as the eye could see, lived a camel named Amira. Amira was different from the other camels. She was known not only for her strength and ability to traverse the vast expanses of the desert but also for her melodious voice.

Every evening, as the sun set and the desert was bathed in warm, golden hues, Amira would begin to sing. Her song was soft and soothing, filled with melancholy and wisdom. Caravans of merchants and desert nomads often stopped to listen to her enchanting voice.

But despite her talent for singing, Amira was often lonely. The other camels viewed her as strange and preferred to keep their distance. They sometimes mocked her, saying that a camel should not sing but work.

Yet, Amira was not discouraged. Every evening, she continued to sing, letting her voice soar into the silent desert. She believed that her song had the power to bring comfort and hope to those who listened.

One day, as Amira rested in the shade of a palm tree, a caravan of merchants stopped nearby. The merchants were weary after a long day's journey through the arid desert.

When they heard Amira's song, they were immediately captivated.

The leader of the caravan stepped forward to Amira and spoke to her gently. "Your song is beautiful, Amira," he said. "It has brought us comfort after a difficult day. We would like you to accompany us on our journey through the desert."

Amira nodded gratefully. She was delighted to share her gift with others, even if it meant leaving her home behind.

And so, Amira joined the caravan of merchants and set out across the desert.

Over the days and nights, the caravan traversed scorching sand dunes, lush oases, and rugged mountains. But no matter the obstacles they faced, Amira's song always guided them on their way.

Finally, after a long journey, the caravan reached its destination: a prosperous city by the sea. The merchants thanked Amira for her invaluable help and offered her a comfortable shelter where she could live in peace.

Amira was grateful for all that the merchants had done for her, but she knew that she could never stay in one place for long. Her heart told her to continue singing and traveling through the desert.

And so, every evening, Amira stood beneath the brilliant stars of the desert sky and let her song rise into the night sky.

Le Mystère de la Plage

Sur la plage, le sable doré brillait sous le soleil éclatant. Les vagues bleues douces chuchotaient des secrets à l'oreille des coquillages endormis. Pierre se promenait le long du rivage, ses pieds nus laissant des empreintes derrière lui.

Pierre aimait ces moments de tranquillité. Il aimait écouter le murmure apaisant de la mer et sentir la brise légère caresser son visage. Aujourd'hui, cependant, quelque chose attira son attention. Une petite bouteille en verre, échouée sur le sable, étincelait comme un trésor oublié.

Intrigué, Pierre ramassa la bouteille. Il la secoua doucement, mais rien ne semblait à l'intérieur. Avec précaution, il dévissa le bouchon et en sortit un bout de papier jauni. Ses doigts tremblaient légèrement d'excitation alors qu'il dépliait le message.

"Trouvez le rocher à la forme étrange à l'extrémité est de la plage. Sous celui-ci, vous trouverez un mystère à découvrir."

Pierre cligna des yeux, incrédule. Un mystère sur la plage ? Cela semblait tout droit sorti d'un livre d'aventures. Sans perdre un instant, il se mit en quête du fameux rocher à la forme étrange.

Après quelques minutes de recherche, il repéra enfin le rocher en question. Il était grand et massif, avec des creux et des courbes étranges qui semblaient le rendre unique parmi tous les autres. Pierre s'agenouilla devant lui, son cœur battant d'anticipation.

Il passa ses mains sur la surface rugueuse du rocher, cherchant un indice, une ouverture, quelque chose qui pourrait révéler le mystère caché en dessous. Finalement, il trouva une petite fente presque invisible, à peine assez grande pour qu'une main puisse s'y glisser.

Avec précaution, Pierre enfonça sa main dans la fente et sentit quelque chose de froid et de métallique au bout de ses doigts. Il tira avec précaution et un petit coffret apparut devant lui.

Il ouvrit le coffret avec précaution et découvrit un pendentif en forme de cœur, orné de pierres précieuses scintillantes. Ses yeux s'écarquillèrent devant la beauté de l'objet. Qui avait bien pu le cacher ici ? Et pourquoi ? Alors qu'il contemplait le pendentif, une voix familière le tira de ses pensées.

"Qu'est-ce que tu as trouvé là, Pierre ?" demanda Marie, sa voisine, qui se tenait à quelques pas de lui, les mains sur les hanches.

Pierre leva les yeux, surpris. "Oh, euh, juste un vieux pendentif", dit-il en montrant l'objet dans sa main.

Marie s'approcha pour mieux voir. Ses yeux s'élargirent de surprise lorsqu'elle vit le pendentif. "C'est magnifique ! Où l'as-tu trouvé ?"

Pierre lui raconta alors l'histoire de la bouteille, du message mystérieux et de sa découverte sous le rocher à la forme étrange.

Marie écouta attentivement, ses yeux brillants d'excitation. "C'est incroyable ! Je me demande qui l'a laissé là et pourquoi."

Pierre haussa les épaules. "Je n'en ai aucune idée. Mais je suis content d'avoir trouvé ce petit trésor."

Ils regardèrent tous les deux le pendentif pendant un moment, perdus dans leurs pensées. Puis, avec un sourire complice, Marie proposa : "Et si on essayait de percer ce mystère ensemble ?"

Pierre hocha la tête avec enthousiasme. "D'accord ! Ça pourrait être amusant."

Ils décidèrent de commencer leurs recherches dès le lendemain. Ensemble, ils examinèrent chaque détail du pendentif, espérant trouver un indice qui les mènerait à la personne qui l'avait caché sur la plage.

Les jours passèrent et ils ne trouvèrent aucune réponse. Mais ils ne se découragèrent pas. Chaque jour, ils retournaient sur la plage, cherchant de nouveaux indices, posant des questions aux habitants du village voisin, explorant chaque recoin de la côte.

Finalement, après des semaines de recherches, ils découvrirent la vérité derrière le mystère du pendentif.

Il s'avéra que le pendentif avait appartenu à une ancienne habitante du village, une femme nommée Marguerite. Autrefois, elle avait été une célèbre artiste, aimée et respectée de tous. Mais après la mort tragique de son mari, elle avait sombré dans le chagrin et avait quitté le village sans laisser de trace.

Marguerite avait caché le pendentif sur la plage, espérant qu'un jour quelqu'un le trouverait et découvrirait la vérité sur son histoire. Elle voulait que son souvenir ne soit pas oublié, que son art continue d'inspirer les générations futures.

Pierre et Marie furent émus par cette histoire. Ils décidèrent de rendre hommage à Marguerite en organisant une exposition de ses œuvres dans le village.

Ainsi se termina le mystère de la plage. Et chaque fois que Pierre et Marie se promenaient sur la plage, ils se souvenaient de cette aventure extraordinaire.

The Mystery of the Beach

On the beach, the golden sand shone under the bright sun. The gentle blue waves whispered secrets to the sleeping seashells. Pierre walked along the shore, his bare feet leaving prints behind him.

Pierre loved these moments of tranquility. He loved listening to the soothing murmur of the sea and feeling the light breeze caress his face. Today, however, something caught his attention. A small glass bottle, washed up on the sand, sparkled like a forgotten treasure.

Intrigued, Pierre picked up the bottle. He shook it gently, but nothing seemed to be inside. Carefully, he unscrewed the cap and pulled out a piece of yellowed paper. His fingers trembled slightly with excitement as he unfolded the message.

"Find the rock with the strange shape at the east end of the beach. Beneath it, you will find a mystery to uncover."

Pierre blinked, incredulous. A mystery on the beach? It seemed straight out of an adventure book. Without wasting a moment, he set out to find the famous rock with the strange shape.

After a few minutes of searching, he finally spotted the rock in question. It was large and massive, with strange hollows and curves that seemed to make it unique among all the others. Pierre knelt before it, his heart pounding with anticipation.

He ran his hands over the rough surface of the rock, searching for a clue, an opening, something that might reveal the hidden mystery below. Finally, he found a small, almost invisible crack, barely big enough for a hand to slip into.

Carefully, Pierre pushed his hand into the crack and felt something cold and metallic at the tips of his fingers. He pulled it out cautiously, and a small box appeared before him.

He opened the box carefully and found a heart-shaped pendant inside, adorned with sparkling gemstones. His eyes widened at the beauty of the object. Who could have hidden it here? And why?

As he gazed at the pendant, a familiar voice pulled him out of his thoughts.

"What have you found there, Pierre?" asked Marie, his neighbor, who stood a few steps away from him, hands on hips.

Pierre looked up, surprised. "Oh, uh, just an old pendant," he said, showing her the object in his hand.

Marie approached to get a better look. Her eyes widened with surprise when she saw the pendant. "It's beautiful! Where did you find it?"

Pierre then told her the story of the bottle, the mysterious message, and his discovery under the rock with the strange shape.

Marie listened attentively, her eyes shining with excitement. "It's incredible! I wonder who left it there and why."

Pierre shrugged. "I have no idea. But I'm glad I found this little treasure."

They both looked at the pendant for a moment, lost in their thoughts. Then, with a conspiratorial smile, Marie suggested, "What if we try to solve this mystery together?"

Pierre nodded eagerly. "Okay! That could be fun."

They decided to start their investigation the next day. Together, they examined every detail of the pendant, hoping to find a clue that would lead them to the person who had hidden it on the beach.

Days passed, and they found no answers. But they didn't give up. Every day, they returned to the beach, searching for new clues, asking questions to the residents of the nearby village, exploring every corner of the coast. Finally, after weeks of searching, they uncovered the truth behind the mystery of the pendant.

It turned out that the pendant had belonged to a former resident of the village, a woman named Marguerite. Once, she had been a famous artist, loved and respected by all. But after the tragic death of her husband, she had sunk into grief and had left the village without a trace.

Marguerite had hidden the pendant on the beach, hoping that someday someone would find it and discover the truth about her story.
And so ended the mystery of the beach. And every time Pierre and Marie walked along the beach, they remembered this extraordinary adventure.

Le Chat et le Chapeau

Il était une fois dans un petit village paisible, un chat nommé Gaston. Gaston était un chat très curieux et toujours en quête d'aventure. Un jour, alors qu'il se promenait dans les rues étroites du village, il aperçut un magnifique chapeau posé sur le rebord d'une fenêtre.

Le chapeau était d'une beauté incomparable, orné de plumes colorées et brillantes. Gaston, ébloui par sa splendeur, ne put s'empêcher de s'approcher pour l'examiner de plus près. Il sauta habilement sur le rebord de la fenêtre et renifla le chapeau avec curiosité.

"Splendide !" miaula Gaston en admirant les plumes chatoyantes.

Mais tandis qu'il examinait le chapeau avec admiration, une rafale de vent soudaine souffla à travers le village, emportant le chapeau loin de la fenêtre. Gaston, ne voulant pas laisser échapper une telle merveille, se lança à la poursuite du chapeau.

Le chapeau volait au gré du vent, tourbillonnant et dansant dans les airs. Gaston courait aussi vite que ses petites pattes le lui permettaient, sautant par-dessus les obstacles sur son chemin. Malgré tous ses efforts, le chapeau semblait toujours être juste hors de sa portée.

Finalement, après une longue course, le chapeau atterrit dans un jardin voisin, accroché à une branche d'arbre. Gaston, essoufflé mais déterminé, s'approcha doucement de l'arbre, se demandant comment il pourrait récupérer le chapeau.

C'est alors qu'il eut une idée brillante. Se hissant habilement sur la branche la plus proche, Gaston se faufila jusqu'au chapeau et le saisit délicatement entre ses dents. Avec précaution, il redescendit de l'arbre et posa le chapeau sur le sol.

"Victoire !" miaula Gaston avec joie.

Mais à peine eut-il fini de célébrer sa réussite que le propriétaire du jardin apparut soudainement. C'était une vieille dame au visage bienveillant, mais qui semblait contrariée de voir son chapeau entre les griffes d'un chat.

"Gaston, que fais-tu avec mon chapeau ?" demanda-t-elle d'une voix douce mais ferme.

La vieille dame récupéra son chapeau et le posa sur sa tête avec élégance. Elle se tourna ensuite vers Gaston et lui sourit.

"Merci de m'avoir rendu mon chapeau, Gaston," dit-elle. Il se sentait un peu triste de devoir dire au revoir au chapeau, mais il savait que c'était la bonne chose à faire.

La vieille dame tendit la main et caressa doucement la tête de Gaston. "Tu es un bon chat, Gaston," dit-elle. "Et je suis sûr que tu trouveras encore beaucoup d'aventures passionnantes à vivre."

The Cat and the Hat

Once upon a time in a peaceful little village, there was a cat named Gaston. Gaston was a very curious cat, always seeking adventure. One day, as he was wandering through the narrow streets of the village, he spotted a magnificent hat placed on the windowsill.

The hat was of unparalleled beauty, adorned with colorful, shiny feathers. Gaston, dazzled by its splendor, couldn't help but approach to examine it more closely. He skillfully jumped onto the windowsill and sniffed the hat with curiosity.

"Magnificent!" meowed Gaston, admiring the shimmering feathers.

But as he examined the hat with admiration, a sudden gust of wind blew through the village, carrying the hat away from the window. Gaston, not wanting to let such a wonder slip away, set off in pursuit of the hat.

The hat flew with the wind, swirling and dancing in the air. Gaston ran as fast as his little legs would carry him, jumping over obstacles in his path. Despite all his efforts, the hat always seemed to be just out of reach.

Finally, after a long chase, the hat landed in a nearby garden, caught on a tree branch. Gaston, breathless but determined, cautiously approached the tree, wondering how he could retrieve the hat.

That's when he had a brilliant idea. Skillfully climbing onto the nearest branch, Gaston slipped up to the hat and gently grasped it between his teeth. Carefully, he descended from the tree and placed the hat on the ground.

"Victory!" meowed Gaston with joy.

But before he could finish celebrating his success, the owner of the garden suddenly appeared. It was an old lady with a kind face, but who seemed annoyed to see her hat in the clutches of a cat.

"Gaston, what are you doing with my hat?" she asked in a soft but firm voice.

The old lady retrieved her hat and placed it on her head with elegance. She then turned to Gaston and smiled.

"Thank you for returning my hat, Gaston," she said. He felt a little sad to say goodbye to the hat, but he knew it was the right thing to do.

The old lady reached out and gently stroked Gaston's head. "You're a good cat, Gaston," she said. "And I'm sure you'll find many more exciting adventures to come."

Le Chat et la Fenêtre

Dans un petit village en bordure de la campagne, vivait une vieille dame nommée Madame Dupont. Elle habitait une petite maison en pierre, où elle vivait seule avec son chat, un gros matou noir nommé Félix.

Chaque jour, Madame Dupont s'installait près de la fenêtre de sa cuisine, observant le monde extérieur avec curiosité. Elle aimait regarder les oiseaux voler dans le ciel et les fleurs danser au gré du vent.

Félix, lui, aimait s'asseoir sur le rebord de la fenêtre, ses yeux jaunes scrutant attentivement les environs. Il miaulait doucement à chaque oiseau qui passait, rêvant de les attraper un jour.

Un matin, alors que Madame Dupont était assise près de la fenêtre, elle remarqua quelque chose d'étrange. Félix ne se tenait pas sur le rebord de la fenêtre comme d'habitude. Au lieu de cela, il se blottissait dans un coin sombre de la cuisine, ses yeux fixés sur quelque chose à l'extérieur.

Intriguée, Madame Dupont s'approcha de Félix et regarda par la fenêtre. Elle vit un petit oiseau blessé, qui gisait sur le sol près de la maison. Ses ailes semblaient être endommagées, l'empêchant de s'envoler.

Madame Dupont se sentit désolée pour l'oiseau. Elle savait qu'elle devait faire quelque chose pour l'aider. Elle se pencha et prit délicatement l'oiseau dans ses mains, sentant son petit cœur battre faiblement.

Elle l'emmena à l'intérieur de la maison et le déposa dans une boîte douillette, où il pourrait se reposer et récupérer de ses blessures. Félix observait la scène avec intérêt, ses yeux brillant d'une lueur curieuse.

Les jours passèrent, et l'oiseau commença lentement à se rétablir. Madame Dupont veillait sur lui avec soin, lui apportant de la nourriture et de l'eau fraîche chaque jour. Félix, quant à lui, gardait un œil vigilant sur l'oiseau, s'assurant qu'il était en sécurité et qu'il ne manquait de rien.

Finalement, l'oiseau se sentit assez fort pour s'envoler à nouveau. Madame Dupont ouvrit la fenêtre de la cuisine et le laissa sortir dans le monde.

Les jours suivants, Madame Dupont remarqua un changement chez Félix. Il ne passait plus autant de temps sur le rebord de la fenêtre à observer les oiseaux. Au lieu de cela, il préférait rester près d'elle, se frottant contre ses jambes et ronronnant doucement.

Et ainsi, chaque jour, Madame Dupont et Félix s'asseyaient près de la fenêtre de la cuisine, regardant le monde extérieur ensemble.

The Cat and the Window

In a small village on the edge of the countryside lived an old lady named Mrs. Dupont. She lived in a small stone house, where she lived alone with her cat, a big black tomcat named Felix.

Every day, Mrs. Dupont would sit by the window of her kitchen, observing the outside world with curiosity. She loved watching the birds flying in the sky and the flowers dancing in the wind.

Felix, on the other hand, liked to sit on the windowsill, his yellow eyes carefully scanning the surroundings. He would meow softly at every passing bird, dreaming of catching them one day.

One morning, as Mrs. Dupont sat by the window, she noticed something strange. Felix was not sitting on the windowsill as usual. Instead, he was curled up in a dark corner of the kitchen, his eyes fixed on something outside.

Intrigued, Mrs. Dupont approached Felix and looked out of the window. She saw a little injured bird lying on the ground near the house. Its wings seemed to be damaged, preventing it from flying.

Mrs. Dupont felt sorry for the bird. She knew she had to do something to help. She bent down and gently picked up the bird, feeling its little heart beating weakly.

She brought it inside the house and placed it in a cozy box, where it could rest and recover from its injuries. Felix watched the scene with interest, his eyes shining with a curious gleam.

Days passed, and the bird slowly began to recover. Mrs. Dupont looked after it carefully, bringing it food and fresh water every day. Felix, meanwhile, kept a watchful eye on the bird, making sure it was safe and had everything it needed.

Eventually, the bird felt strong enough to fly again. Mrs. Dupont opened the window of the kitchen and let it out into the world.

In the following days, Mrs. Dupont noticed a change in Felix. He didn't spend as much time on the windowsill watching the birds anymore. Instead, he preferred to stay close to her, rubbing against her legs and purring softly.

And so, every day, Mrs. Dupont and Felix would sit by the kitchen window, watching the outside world together.

Le Mystère de la Rose

Il était une fois, dans un petit village au bord de la forêt, une jeune fille nommée Juliette.

Chaque jour, Juliette se promenait dans les bois, ramassant des fleurs sauvages et chantant des chansons douces à l'ombre des arbres. Elle était aimée de tous ceux qui la connaissaient, car elle avait un cœur pur et généreux.

Un jour, alors qu'elle se promenait dans la forêt, Juliette découvrit une rose étrange cachée parmi les arbres. C'était la plus belle rose qu'elle n'avait jamais vue, avec des pétales d'un rouge profond et un parfum enivrant qui embaumait l'air.

Intriguée, Juliette s'approcha de la rose et la cueillit avec précaution. Elle sentit une étrange sensation lui parcourir la peau, comme si la rose était vivante, pulsant d'une énergie mystérieuse.

Elle ramena la rose chez elle et la plaça dans un vase en cristal, où elle pouvait l'admirer tous les jours. Mais plus Juliette regardait la rose, plus elle sentait qu'il y avait quelque chose de mystérieux à son sujet, quelque chose qu'elle ne comprenait pas.

Un soir, alors que la lune brillait dans le ciel et que les étoiles scintillaient comme des diamants, Juliette entendit un bruit étrange provenant de sa chambre. Elle se leva de son lit et se dirigea vers la fenêtre, où la rose était posée sur le rebord.

Et là, à sa grande surprise, elle vit la rose s'animer sous la lumière de la lune. Ses pétales s'ouvrirent lentement, révélant un cœur caché à l'intérieur, pulsant d'une lueur douce et mystérieuse.

Et alors, au cœur de la nuit, la rose commença à parler. Sa voix était douce et mélodieuse, comme le chant d'un oiseau au lever du jour. Elle raconta à Juliette une histoire ancienne, pleine de magie et de mystère, d'amour et de trahison.

Juliette écouta avec émerveillement, suspendue à chaque mot. Elle sentait son cœur battre plus fort dans sa poitrine, comme si la rose avait touché quelque chose de profond en elle, quelque chose qu'elle n'avait jamais ressenti auparavant.

Et quand la rose eut fini de parler, elle s'endormit paisiblement, repliant ses pétales autour d'elle comme des bras protecteurs. Juliette resta là, à la regarder, remplie d'une étrange sensation de paix et de bonheur.

Le lendemain matin, quand elle se réveilla, Juliette trouva la rose fanée dans le vase.

Et même si elle ne pouvait jamais expliquer le mystère de la rose, Juliette savait dans son cœur qu'elle avait été témoin de quelque chose de magique, quelque chose qui ne se produit qu'une fois dans une vie, comme une pièce de théâtre jouée par les étoiles elles-mêmes.

The Mystery of the Rose

Once upon a time, in a small village on the edge of the forest, there lived a young girl named Juliette.

Every day, Juliette would walk through the woods, picking wildflowers and singing sweet songs in the shade of the trees. She was loved by all who knew her, for she had a pure and generous heart.

One day, as she wandered through the forest, Juliette discovered a strange rose hidden among the trees. It was the most beautiful rose she had ever seen, with petals of a deep red and an intoxicating fragrance that filled the air.

Intrigued, Juliette approached the rose and picked it carefully. She felt a strange sensation run through her skin, as if the rose was alive, pulsating with a mysterious energy.

She brought the rose home and placed it in a crystal vase, where she could admire it every day. But the more Juliette looked at the rose, the more she felt there was something mysterious about it, something she didn't understand.

One evening, as the moon shone in the sky and the stars sparkled like diamonds, Juliette heard a strange noise coming from her room. She got out of bed and went to the window, where the rose was placed on the sill. And there, to her great surprise, she saw the rose come to life under the moonlight. Its petals opened slowly, revealing a hidden heart inside, pulsating with a soft and mysterious glow.

And then, in the dead of night, the rose began to speak. Its voice was sweet and melodious, like the song of a bird at dawn. It told Juliette an ancient story, full of magic and mystery, of love and betrayal.

Juliette listened with wonder, hanging on to every word. She felt her heart beat faster in her chest, as if the rose had touched something deep within her, something she had never felt before.

And when the rose had finished speaking, it fell asleep peacefully, folding its petals around it like protective arms. Juliette stayed there, watching it, filled with a strange sense of peace and happiness.

The next morning, when she woke up, Juliette found the withered rose in the vase.

And even though she could never explain the mystery of the rose, Juliette knew in her heart that she had witnessed something magical, something that only happens once in a lifetime, like a play performed by the stars themselves.